NATIONAL GEOGRAPHIC

Peldaños

T0068634

GRAN
TORMENTA

EL HURACÁN

CREÍAN QUE **IBAN A MORIR.**

La inundación se tragó rápidamente el carro de la familia cerca de la bahía de St. Louis, Mississippi. La familia Taylor se apiñó en el único lugar seguro: el techo de su vehículo todoterreno. Allí, esperaron a que los rescataran.

KATRINA

por Christopher Siegel

Un equipo de rescate compuesto por voluntarios finalmente llegó. Al fin, los Taylor estaban a salvo del huracán Katrina. ¿Qué hace que se formen "grandes tormentas" como los huracanes? ¿Cómo es vivir una tormenta así?

EL PASO DE KATRINA

Los huracanes son tormentas poderosas que se forman sobre agua cálida en el océano. El 23 de agosto de 2005, las condiciones estaban dadas sobre las Bahamas. El agua cálida del océano Atlántico comenzó a **evaporarse.** El aire húmedo se elevó rápidamente al cielo. Se enfrió y se **condensó,** o se convirtió en gotitas de agua. Estas gotitas formaron nubes de tormenta. Las nubes se agruparon y formaron tormentas. Luego se unieron muchas tormentas en una tormenta gigante. La tormenta gigante comenzó a girar como un enorme carrusel en el cielo. Era lo suficientemente grande como para recibir un nombre: Katrina. Observa el recorrido de Katrina a medida que se convertía en un huracán. Se desplazó hacia la Florida y luego al golfo de México.

LUNES 29 DE AGOSTO

A las 6:10 a. m., Katrina azotó una de las ciudades costeras más grandes: Nueva Orleáns, Louisiana.

Nueva Orleáns

Golfo de México

SÁBADO 27 DE AGOSTO

El huracán Katrina se dirige hacia las costas de Mississippi y Louisiana.

Esta imagen satelital muestra cómo se ve el huracán Katrina desde el espacio.

La tormenta ahora es un huracán. Se llama huracán Katrina. Se emite una alerta de huracán para la costa de la Florida. Katrina pasa cerca de Miami, Florida. Hacia la medianoche, más de un millón de hogares se quedan sin electricidad y se pierden 11 vidas.

Nubes de tormenta arremolinadas se hacen más fuertes sobre las Bahamas. En este momento, la tormenta es solo una tormenta tropical.

El huracán Katrina se desplaza al golfo de México. La tormenta se hace más grande y fuerte.

Miami

Bahamas

Cuba

5

El agua rápidamente inundó las calles. Los que no pudieron escapar buscaron refugio en lugares por sobre la inundación embravecida.

KATRINA LLEGA

El cielo se oscureció cuando Katrina tocó tierra. Llovía a cántaros. Vientos aullantes soplaban. La tormenta levantó grandes cantidades de agua del océano y las desplazó hacia la costa. La enorme tormenta midió aproximadamente 400 kilómetros (248 millas) de un extremo al otro. Los vientos de Katrina llegaron a velocidades de 278 kilómetros (173 millas) por hora. Katrina inundó áreas cercanas a la costa con aguas de más de 5 metros (16 pies) de alto. ¡Eso es dos veces la altura de los carteles de ALTO en Nueva Orleáns! Katrina fue una de las peores tormentas que alguna vez golpeara la costa del golfo.

NUEVA ORLEÁNS
BAJO EL AGUA

Una de las ciudades más grandes que golpeó Katrina fue Nueva Orleáns, Louisiana.

Aunque se emitieron alertas de evacuación, muchos residentes no tuvieron tiempo de irse. Mientras Katrina azotaba la ciudad, la gente intentaba encontrar refugio. Pero Katrina fue una tormenta mucho más poderosa de lo que se había **pronosticado.**

Lo que es aún peor, la mayor parte de Nueva Orleáns está bajo el nivel del mar. Esto significa que la tierra está más abajo que las vías fluviales que la rodean. Paredes y barreras construidas por el hombre llamadas **diques** generalmente protegen la tierra. Pero la inundación de Katrina fue excesiva para los diques. Muchos de ellos se rompieron y la inundación azotó la ciudad. En segundos, casas y propiedades personales fueron arrasadas. Decenas de miles de personas quedaron sin hogar. Vecindarios enteros fueron destruidos. Tristemente, muchas personas perdieron la vida.

El huracán Katrina provocó que varios diques se rompieran. El agua se precipitó. Las inundaciones cubrieron la mayor parte de Nueva Orleáns.

RECONSTRUIR UNA COMUNIDAD

El Noveno Distrito Inferior de Nueva Orleáns fue el que resultó más afectado. Este vecindario que alguna vez fuera seguro, se inundó rápidamente. Los diques que protegían el vecindario se rompieron y el agua estaba en todos lados. Sin embargo, ¡los sobrevivientes están decididos a volver! Un residente dijo: "Debo volver a casa. Debo reconstruirla... porque es mi hogar".

Pronto comenzaron a aparecer casas con colores brillantes. Pero estas no son casas comunes. Las casas nuevas del Noveno Distrito Inferior se construyen para resistir futuros huracanes. Están construidas a una buena altura del suelo. Están sostenidas por pilares de concreto, así las inundaciones pueden pasar debajo de las casas.

Reconstruir el Noveno Distrito Inferior y otras partes de Nueva Orleáns y la costa del golfo tomará mucho tiempo. Pero los residentes de la costa del golfo planean recuperar sus vecindarios.

La "gran tormenta" de 2005 nunca se olvidará, pero como los edificios nuevos deberán resistir los futuros huracanes, el área está resurgiendo con fuerza.

"CUANDO LLEGÓ EL AGUA, ARRASÓ CON TODO, INCLUSO CON NUESTRAS VIDAS. NUNCA HABRÍA PENSADO QUE ÍBAMOS A VOLVER, **PERO LO HICIMOS**".

Compruébalo   ¿De qué maneras afectó el huracán Katrina la costa del golfo?

11

PROTEGER Nueva Orleáns

por Richard Easby

"¿Se puede proteger Nueva Orleáns de futuros huracanes?"

Muchos se hacían esta pregunta durante la limpieza que vino después del huracán Katrina. Nueva Orleáns está construida en terrenos que se encuentran mayormente bajo el nivel del mar. El agua de los lagos y los ríos que la rodean está a 2.5 metros (8 pies) por encima de algunas calles de la ciudad. Hubo que construir mejores **diques** para proteger la ciudad. El Cuerpo de Ingenieros del Ejército de los Estados Unidos les hizo mejoras a los diques por un valor de $14.5 mil millones. ¿Los diques nuevos soportarán otra gran tormenta como Katrina?

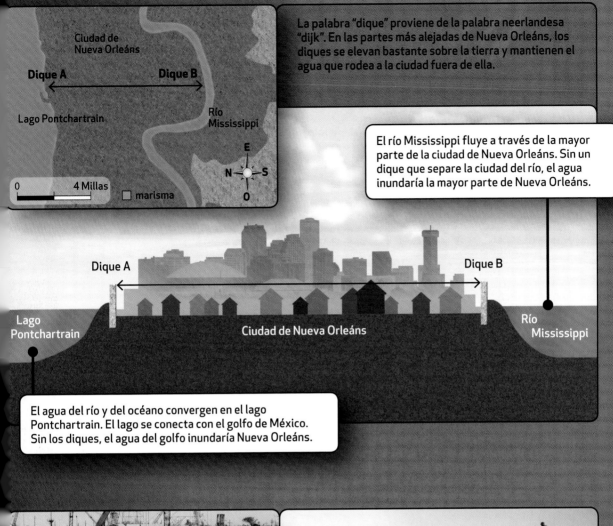

Ciudad de
Nueva Orleáns

Dique A ← → **Dique B**

Lago Pontchartrain

Río
Mississippi

E
N · S
O

0 ___ 4 Millas

☐ marisma

La palabra "dique" proviene de la palabra neerlandesa "dijk". En las partes más alejadas de Nueva Orleáns, los diques se elevan bastante sobre la tierra y mantienen el agua que rodea a la ciudad fuera de ella.

El río Mississippi fluye a través de la mayor parte de la ciudad de Nueva Orleáns. Sin un dique que separe la ciudad del río, el agua inundaría la mayor parte de Nueva Orleáns.

Dique A ← → **Dique B**

Lago
Pontchartrain

Ciudad de Nueva Orleáns

Río
Mississippi

El agua del río y del océano convergen en el lago Pontchartrain. El lago se conecta con el golfo de México. Sin los diques, el agua del golfo inundaría Nueva Orleáns.

Reconstruir los diques nuevos requirió muchos pasos. Primero, las cuadrillas tuvieron que encontrar la mejor ubicación. Luego, construyeron cimientos resistentes que sostendrían las paredes de los diques nuevos.

Posteriormente, usaron hormigón y acero para construir las paredes de los diques. Algunas de las paredes nuevas de los diques miden aproximadamente 7 metros (23 pies) de alto. Los diques nuevos están diseñados para resistir los futuros huracanes.

IMPACTO
de Isaac

Casi siete años después del golpe de Katrina, el huracán Isaac azotó la costa del golfo. Fue a fines de agosto de 2012. Los **pronósticos** meteorológicos predijeron que Isaac tocaría tierra en Nueva Orleáns. Esta tormenta pondría a prueba el nuevo sistema de diques. Entonces, ¿los diques nuevos resistieron?

Bueno, Isaac no resultó tan poderoso como Katrina. ¡Nueva Orleáns estuvo a salvo esta vez!

Sin embargo, otras áreas junto a la costa del golfo se inundaron a causa de Isaac. Por lo tanto, aún queda más por hacer antes de que toda el área de Nueva Orleáns quede protegida de las grandes tormentas.

La pared del dique debe evitar que el agua llegue a la tierra durante una inundación.

Los diques nuevos están construidos con hormigón y acero. Son resistentes. Un huracán no puede derribarlos fácilmente.

Las paredes del nuevo sistema de diques miden casi 7 metros (23 pies) de alto.

La tierra junto a la pared de hormigón forma montículos de suelo y rocas.

Esta es una vista aérea del Noveno Distrito Inferior. El nuevo sistema de diques incluye paredes de hormigón. En el vecindario pueden verse casas nuevas.

Compruébalo   ¿Qué pasos se han dado para proteger a Nueva Orleáns desde el huracán Katrina?

En el ojo del huracán

por Stacey Klaman

⟨ El Teniente Coronel Greg Lufkin y la Mayor Deeann Lufkin

Una unidad de la Fuerza Aérea de los Estados Unidos rastrea huracanes. La unidad está compuesta por pilotos y **meteorólogos,** o científicos que registran el estado del tiempo. Se denominan Cazadores de huracanes. Los Cazadores de huracanes vuelan dentro de un huracán. Usan tecnología para reunir información sobre una tormenta. Ayudan al Centro Nacional de Huracanes (NHC, por sus siglas en inglés) a **pronosticar** mejor las tormentas. Lee esta entrevista con el Teniente Coronel Greg Lufkin, comandante del escuadrón de los Cazadores de huracanes y la Mayor Deeann Lufkin, una de las meteorólogas de la unidad.

La tripulación

Piloto comandante del avión

Segundo piloto ayuda al piloto e intercambia el mando en los vuelos largos

Navegante define el curso que toman los pilotos

Meteorólogo reúne y registra datos del estado del tiempo, ubica el ojo de la tormenta y dirige al jefe de carga

Jefe de carga libera sondas eyectables, un tipo de instrumento de medición, en las tormentas

National Geographic: ¿Por qué se convirtió en Cazadora de huracanes?

Mayor Lufkin: Cuando tenía nueve años, vi mi primer tornado. Ahí me enamoré del estado del tiempo. En la universidad estudié el estado del tiempo y supe que quería ser Cazadora de huracanes. Cumplí mi objetivo cuando me uní a la Reserva de la Fuerza Aérea.

NG: ¿Qué se siente cuando se vuela dentro de un huracán?

Mayor Lufkin: Es bastante agitado. Se siente como si se anduviera en carro por un camino de tierra. Pero una vez que se está dentro del ojo, las paredes de la tormenta quedan en silencio por millas. En realidad, es verdaderamente hermoso.

< La mayor Deeann Lufkin se sienta al mando de los controles a bordo del avión de los Cazadores de huracanes.

17

National Geographic:

¿Cómo se puede ver dentro de la pared de un huracán?

Tte. Cnel. Lufkin: No se puede. Llueve muchísimo. Las nubes son tan densas que no se puede ver más de media pulgada delante de la ventanilla.

NG: ¿Cómo se llega a salvo de un extremo del huracán al otro?

Tte. Cnel. Lufkin: Como navegante, mi tarea es dirigir a los pilotos. Con los datos a color del radar del estado del tiempo, les informo a los pilotos el mejor recorrido que debe tomar el avión a través de la tormenta.

El Tte. Cnel. Greg Lufkin y la Mayor Deeann Lufkin sentados a bordo del avión de los Cazadores de huracanes.

U.S. AIR FORCE

El avión de los Cazadores de huracanes tiene una envergadura de ala de 39.7 metros (132 pies, 7 pulgadas). Los dispositivos de medición del estado del tiempo están montados en las alas del avión.

NG: ¿Cómo mejora la precisión de los pronósticos de tormenta el trabajo de los Cazadores de huracanes?

Mayor Lufkin: Desde un satélite del estado del tiempo en el espacio, un huracán parece una gran burbuja de nubes. Los Cazadores de huracanes vuelan mucho más bajo que un satélite. Volamos a una altura de 3,048 metros (10,000 pies). Nuestros datos son más precisos que los datos de un satélite, por eso la información que enviamos al NHC mejora los pronósticos generales de tormentas y huracanes.

19

National Geographic: ¿Cuál es su trabajo a bordo en una misión?

Mayor Lufkin: Las computadoras del avión miden la temperatura, la presión atmosférica, la velocidad del viento y la humedad. Lo hacen dos veces por segundo. Yo reviso los datos y los envío al NHC cada diez minutos. También es mi tarea hallar el centro de la tormenta. Cuando lo hago, le digo al jefe de carga dónde liberar una sonda eyectable en la tormenta.

NG: ¿Cómo mejora los pronósticos una sonda eyectable?

Mayor Lufkin: Una sonda cae velozmente a través del ojo o la pared del ojo de una tormenta. Toma mediciones más precisas que el avión. La sonda nos envía datos de vuelta cuatro veces por segundo. Yo reviso esos datos y luego los remito instantáneamente al NHC.

Se carga una sonda eyectable en la cámara de lanzamiento. Luego se la libera en una tormenta.

Tecnología para huracanes

Los Cazadores de huracanes usan instrumentos de alta tecnología para reunir información. Uno de los instrumentos es la sonda eyectable. Es un tubo que contiene una radio y otros instrumentos de detección. Cuando se lanza la sonda, se abre un paracaídas que la desacelera a medida que cae. Los Cazadores de huracanes liberan aproximadamente 12 sondas durante una tormenta.

▽ Las sondas eyectables se usan para tomar mediciones al interior de los huracanes.

⌃ Hay diferentes dispositivos para la medición del estado del tiempo dentro de una sonda eyectable.

< Un paracaídas permite que la sonda eyectable caiga a tierra lentamente.

National Geographic:
¿Cómo usa los datos de los Cazadores de huracanes el NHC?

Mayor Lufkin: Sus meteorólogos ingresan los datos en modelos informáticos. Los modelos ayudan a pronosticar la dirección de una tormenta. Esto ayuda al NHC a emitir alertas más precisas sobre la tormenta al público.

NG: ¿Qué es lo que más le gusta de ser una Cazadora de huracanes?

Mayor Lufkin: Saber que estoy ayudando a las personas y eventualmente salvando vidas. Eso es bastante importante. No se puede hacer lo mismo en cualquier otro trabajo.

Mejorar el pronóstico de los huracanes

Los cohetes se usan para lanzar satélites del estado del tiempo al espacio.

Los científicos trabajan para mejorar los pronósticos de los huracanes. Un proyecto se denomina Sistema de Navegación Global de Ciclones por Satélite (CYGNSS, por sus siglas en ingles). Es un grupo de satélites que se enviarán al espacio. Este proyecto se desarrolla en la NASA y la Universidad de Michigan. Los satélites brindarán información sobre cómo se forman los huracanes. Esto ayudará a los meteorólogos a pronosticar las tormentas. Pronósticos más precisos ayudarán a mantener a las personas a salvo.

Gracias a los avances en tecnología y a los hombres y las mujeres valientes de los Cazadores de huracanes, estaremos mejor preparados para los huracanes.

Esta ilustración de un artista muestra cómo se vería el CYGNSS en el espacio.

Compruébalo ¿Qué otras preguntas les harías a los Lu

Comenta

1. Describe la secuencia de sucesos del huracán Katrina.

2. Comenta con un compañero los pasos que se dieron después de Katrina para evitar futuros problemas de inundaciones en Nueva Orleáns.

3. ¿Cómo se relaciona la entrevista a los Cazadores de huracanes con las otras lecturas?

4. ¿Qué información brindan los meteorólogos, como los Cazadores de huracanes, para comprender mejor el estado del tiempo?

5. ¿Qué otra información quieres saber sobre los huracanes? ¿Dónde podrías buscar respuestas a tus preguntas?